AF377173

ERNEST PICARD

PROFESSEUR ET CHEF DE MAISON A L'ÉCOLE DES ROCHES

Comment traiter l'enfant à l'École?

LIBRAIRIE DE PARIS

FIRMIN-DIDOT ET Cⁱᵉ, IMPRIMEURS-ÉDITEURS

56, RUE JACOB, PARIS

Comment traiter l'enfant à l'École?

TYPOGRAPHIE FIRMIN-DIDOT ET Cie. — MESNIL (EURE).

ERNEST PICARD

PROFESSEUR ET CHEF DE MAISON A L'ÉCOLE DES ROCHES

Comment traiter l'enfant à l'École?

LIBRAIRIE DE PARIS

FIRMIN-DIDOT ET Cᴵᵉ, IMPRIMEURS-ÉDITEURS

56, RUE JACOB, PARIS

A Monsieur Demolins, mon maître,

A mes élèves de l'École des Roches

Je dédie ce petit livre, né d'eux, au milieu d'eux, et pour eux.

E. P.

On se préoccupe à l'heure actuelle
de réformes à introduire dans notre
éducation nationale ; et si l'on hésite
à en multiplier les essais de réalisation, n'est-ce pas que pour s'engager
dans ces voies nouvelles, on manque
de connaissances topographiques et
de carte routière ? Le petit volume que
nous offrons au public renferme les ob-
servations d'un des premiers éclaireurs
de l'Éducation nouvelle. Il cherche à
poser le problème pédagogique, tel
que le demandent les besoins de la société contemporaine, à indiquer l'esprit
et comme l'âme de l'Éducation et de
l'École modernes.

Ces quelques idées nous sont venues au cours de notre expérience d'éducateur. Nous les avons vécues au contact de la Jeunesse, éprouvées parmi elle. Le jour nous les réalisions de toute notre énergie, nous les repensions délicieusement dans nos recueillements du soir. Si quelque chose de notre âme a passé dans les lignes qui suivent, si quelque chose de notre joie et de notre enthousiasme les pénètre et les colore, que ce quelque chose glisse avec une douceur persuasive dans l'âme du lecteur.

E. PICARD.

Octobre 1903, École des Roches.

Verneuil-sur-Avre.

COMMENT TRAITER
L'ENFANT A L'ÉCOLE?

I

L'ESPRIT DE L'ÉDUCATION MODERNE

Élever l'homme, c'est le former à la vie, c'est le préparer au rôle que la Providence lui marque dans la société. Ses premiers vingt ans lui sont donnés pour se recueillir avant l'heure de la lutte, pour aguerrir son corps et son âme, pour tendre les ressorts et mesurer les forces de son être, pour acquérir sur la vie et sur le monde les connaissances que lui ont léguées ses ancêtres. La famille et l'école sont les deux foyers principaux de cette œuvre éducatrice; mais l'une et l'autre reflètent les tendances et les besoins du milieu social qui les entoure, et à la vie duquel elles participent. « L'opinion » baigne l'homme de son atmosphère d'idées, lui fait apprécier telle forme du travail, adopter telle attitude en face des événements de la vie, rechercher la richesse ou vouloir la beauté, placer son idéal dans la conquête ou dans la servitude, dans l'action ou dans la jouissance. A son insu, elle le pénètre de sa conception de l'existence et détermine ses habitudes de penser, de vouloir et d'agir. Or l'opinion est un système d'idées et d'habitudes toujours lent à s'organiser, plus lent encore à se désagréger. A peine formée, elle ne convient déjà plus au milieu social qui l'a faite; car les conditions de la vie changent sans cesse, et la société évolue. Une connaissance ajoutée à celle du passé, une découverte industrielle, l'apparition d'un rival sur le marché économique, la conquête d'un pays vierge, un éclair qui passe dans le ciel de la destinée, et voilà que l'humanité tressaille et s'agite comme traversée d'un courant électrique.

Hommes et choses sont emportés par une force irrésistible vers un avenir mystérieux. Comment l'individu sage n'aurait-il pas sans cesse les yeux tournés vers cette force de progrès, vers ce perpétuel devenir, pour en fixer la marche et pour en diriger le développement? N'est-ce pas au contraire vers le passé que l'opinion tend à ramener nos regards, de telle sorte qu'il y aurait opposition radicale entre l'éducation et les besoins de l'homme? Aussi ne nous étonnons point de voir le problème pédagogique se reposer toujours et demander une solution neuve. Un système d'éducation qui se fixe, s'immobilise dans les cadres arrêtés d'un mécanisme, est une chose morte; il doit être un organisme vivant qui évolue avec les besoins de la société, qui soit sans cesse attentif à la réalité changeante pour y conformer sa science et ses méthodes. Tandis que l'opinion est trop portée à s'endormir jusqu'à l'heure où elle est violemment secouée par un nouveau malaise intime, c'est une loi et un devoir de l'éducateur dont la mission est de préparer des hommes aux difficultés de la vie, de ne considérer point le passé mais de regarder l'avenir. A ses essais de nouveauté, la multitude inintelligente et rétrograde jette ce cri de défiance : « Il ne veut plus pour nos enfants l'éducation qui nous a bien suffi ! » Qu'il soit admis une fois pour toutes que l'éducateur vrai n'est pas l'agent de la tradition, mais celui de la nouveauté ; qu'il n'a pas pour mot d'ordre : « Passé ! immobilité ! », mais bien : « Avenir ! Progrès ! »

Plus que jamais, la société a besoin de fortes individualités, d'hommes capables de conduire leur vie avec intelligence, courage et énergie. Un immense mouvement travaille les nations modernes. La nécessité de lutter pour l'existence les entraîne dans le souci des affaires, dans le développement de l'activité économique.

La vie est simple et calme sous l'ancien régime ; l'industrie commence à peine à s'organiser. Jusqu'à la fin du xviie siècle, la richesse est surtout agricole et la fortune immobilière ; elle se transmet sans violence et sans aléa par la propriété. Le travail dans les villes est réglementé, la production locale et la consommation limitées. La tradition et l'expérience sont les deux seuls facteurs du progrès; celui-ci se fait avec lenteur et sans secousse. La concurrence est faible; l'individu jouit d'une existence stable et sûre. La vie nationale s'avance vers l'avenir, paisible et douce, à la façon de nos grands fleuves qui se dirigent vers l'Océan à travers d'immenses plaines, entre de petits coteaux aux flancs tapissés de vignes vertes, et qui semblent somnoler le long de leurs rives. Mais l'ancien régime, en voie de dissolution, porte en son sein un germe de fécondité, une pensée d'avenir. L'esprit qui le pénètre est un esprit de libre examen, de recherche indépendante. Le passé, la tradition ne s'imposent plus au respect de la raison par le fait de leur existence. La réalité est observée, ramenée à des lois. Les sciences s'organisent : d'abord, c'est l'astronomie; puis la science naturelle; c'est ensuite la physique, et bientôt la chimie. Une invention d'importance capitale, la vapeur et l'utilisation du charbon, va transformer l'industrie et le système des transports ; la main de l'homme est remplacée par la machine ; à l'atelier familial est substituée l'usine. La production est multipliée. Les moyens de communication sont plus nombreux, plus rapides et moins coûteux. C'est toute une révolution dans la vie économique. La clientèle s'étend ; les besoins de la consommation grandissent ; les débouchés s'ouvrent illimités ; la réglementation tombe, et la concurrence s'organise. La production est scientifique, méthodique, progressive ; la consommation est internationale ; sur le marché économique, les races s'entrechoquent. En vain, les nations se ferment-elles par des barrières de douane ; les fortes menacent les faibles ; le besoin de s'armer vigoureusement pour leur tenir tête se fait sentir pressant ; car elles menacent de venir jusque chez nous, assiéger nos biens, coloniser nos terres, notre commerce et notre industrie. Une fièvre d'action s'empare des peuples modernes. La propriété a diminué de prix, le capital s'est avili : l'une et l'autre ne valent plus que par le travail intense et méthodique qui les féconde.

Ce n'est plus sur le sol ferme et stable de la propriété, mais sur le sol mouvant du travail que s'élève notre société, portée par le flux et le reflux de la marée humaine, secouée par les trépidations, et par les hésitations de la vie. Pour l'individu désormais, la confiance et l'espoir sont plus grands si sa barque est robuste et sait bien prendre le courant; mais aussi, plus réelles sont les craintes et les anxiétés si la main qui tient le gouvernail se sent faible et tremblante.

La vie s'est donc immensément compliquée. Le siècle de la science, de la vapeur et de l'électricité a modifié inexprimablement le sol et les conditions du travail. Mais l'homme a-t-il grandi comme le monde s'est transformé? En même temps qu'une force inéluctable emportait la société vers le progrès et le changement, l'homme s'est-il armé pour dominer ce changement et ce progrès?

Le siècle du développement économique le plus intense est le même qui a vu se poser sous sa forme la plus aiguë le problème de la misère et du paupérisme. Le progrès matériel n'a pas rendu la société plus tranquille, ni l'homme plus heureux. Faut-il en accuser les choses elles-mêmes? Faut-il condamner la civilisation et donner des regrets au passé? Les occasions de travail, les opportunités de fonder une œuvre se multiplient autour de nous; mais nous ne sommes pas là pour les cueillir. La terre fournirait plus à des bras qui demanderaient d'elle davantage. Bien des industries pourraient naître et prospérer sur le sol de notre pays; mais nous n'avons ni l'intelligence de le comprendre, ni la volonté de le réaliser. Des établissements qui ont un instant réussi, favorisés par la fortune, périclitent dès qu'ils n'ont pour les soutenir que la valeur de l'homme. Aucun temps n'offrit plus de chances de s'enrichir et de s'élever par le talent dans la hiérarchie sociale; aucun temps ne fut attristé des plaintes d'autant de pauvres et de ruinés. Aucune époque ne donna plus de promesses d'un bonheur plus intense et plus étendu : les plaisirs les plus purs, les plus délicats, les plus variés, veillent à nos portes et allument nos désirs. Aucune époque ne connut autant de malheureux et de désespérés.

De ce déclin de notre agriculture, de notre commerce, de notre industrie, de toutes nos forces nationales, auquel nous assistons, les uns accusent la Providence, d'autres, le gouvernement, d'autres enfin, la société. Ne serait-il pas plus sage de rejeter la faute sur nous-mêmes? En face des difficultés de l'existence, l'attitude que l'on adopte volontiers est d'attribuer à la fortune l'élévation et le succès des heureux, la défaite et l'abaissement des malheureux, d'accuser les lois générales suivant lesquelles se gouverne le monde. Mais c'est là de l'ignorance et de l'injustice. La fortune multiplie autour de nous les occasions de richesse et de félicité; si nous les laissons passer sans les cueillir et les garder, n'est-ce pas notre faute? Nous voudrions l'élévation sociale sans effort et sans risque; or Dieu ne la donne qu'à l'audace, la persévérance et l'énergie. Le bonheur nous sollicite à la poursuite de ses attraits; mais s'il gagne en intensité et en étendue, il demande de notre part une plus grande volonté pour le conquérir, une plus grande énergie pour le conserver : car il résulte de l'équilibre entre nos désirs qui se compliquent et les besoins de la vie. Ainsi, la complication du travail et de l'existence marche parallèlement aux progrès de la civilisation. Le succès devient de plus en plus le lot du petit nombre; les malheureux et les vaincus de la vie sont la multitude. C'est qu'un effort de plus en plus grand est nécessaire à l'homme pour jouer le rôle que la Providence lui assigne, et qu'un petit nombre seul se montre capable de cet effort.

Les vaincus et les faibles sont des victimes, mais des victimes de leur faiblesse et de leur ignorance, de leur manque d'énergie et de virilité. Cette parole est dure à jeter au sein de la multitude qui se débat dans la misère et dans la souffrance; au fond, elle est seule vraiment humaine. Un rêve de bonheur passe dans l'imagination de l'homme de tous les temps et enchante son existence. Sur qui s'appuyer pour le réaliser? Est-ce sur autrui? Est-ce sur la société? Oui, disent les uns. La société doit le bonheur à chacun de ses membres. Elle est mauvaise, si elle produit des misères et les laisse sans consolation et sans remède. Mais ce sont là des paroles de mensonge. Elles prêchent l'attitude de gens faibles et lâches. Dieu n'a pas voulu que le bonheur fût un don de la société. Il est une conquête à faire, une victoire à gagner. Si les conditions du combat sont plus dures, c'est à nous de déployer une tactique plus savante et plus méthodique, une volonté plus ferme et plus persévérante. Il est vrai que le monde est peuplé de moribonds et de découragés. Mais le remède est-il d'augmenter les hôpitaux et les médecins, de multiplier les œuvres de charité? N'importe-t-il pas avant tout de distribuer à l'individu la science de la force et de l'énergie, de la virilité et du caractère? Faisons des « hommes » autour de nous, et nous sèmerons la richesse et la joie. Car le bonheur ne consiste pas dans la jouissance et la volupté, mais bien dans l'effort et la conquête, dans le déploiement de l'énergie et de la volonté.

Un idéal nouveau se dessine en effet pour la jeunesse. La société de l'ancien régime connaissait les pauvres et les riches : le travail était le lot des uns; l'oisiveté et les plaisirs de luxe étaient le lot des autres. Jouir était l'honneur et la beauté de la vie; travailler en était la honte et la laideur. Aujourd'hui, celui-là seul est riche qui fait produire sa richesse. Jouir est l'idéal des paresseux et des lâches; produire, réaliser une œuvre, devient la conception virile de l'existence; ou, pour exprimer une pensée plus humaine, travailler, produire est l'œuvre capitale; jouir est la distraction, la détente de la vie.

Le passé est donc irrévocablement passé. Le pleurer est l'attitude de désespérés et de vaincus. L'avenir nous ouvre ses promesses de bonheur et d'élévation sociale : sachons aller à lui, tendre assez les ressorts de nos énergies pour le conquérir et le goûter. Il nous emporte vers une forme de vie plus intéressante, mais plus difficile, et réclame un développement plus intense de l'individu. Donc fortifions l'homme en nous. Sur quel appui compter, autre que nous-mêmes, dans la lutte pour l'existence ?

Sous l'ancien régime, le plus ferme soutien de l'individu, c'est la communauté ; elle-même repose sur des cadres solides. La propriété est stable et se transmet de père en fils ; la famille enveloppe l'individu de son autorité absolue ; la corporation réglemente et assure son travail ; l'Église donne à sa pensée et à son cœur le fonds d'idées morales et religieuses dont ils se nourrissent ; la classe l'accueille à son entrée dans la vie, le suit et l'aide dans les diverses étapes de son existence ; enfin, l'État le domine de sa puissance illimitée.

L'individu est fait pour la société, la société n'est point faite pour l'individu; de toutes parts, elle l'enserre de ses liens étroits et comprime son activité libre. L'individu s'efface, renonce à lui-même, et son idéal consiste à servir en vaillant soldat l'honneur de son groupe social. Un Rodrigue qui se sacrifie à l'honneur compromis de sa famille, un Horace qui se dévoue pour la gloire de sa cité, un Polyeucte qui donne sa vie pour rendre témoignage à son Église, les Volontaires de la Révolution courant, au seul nom de Patrie, vers le danger et vers la mort, avec une joie enthousiaste, voilà bien l'idéal que la société propose à son imagination. Au prix de ce dévouement, elle lui donne son appui et lui renvoie sa prospérité.

Tant que l'édifice social est bien assis et que le groupe qui fait la force de l'homme est solidement constitué, le fils n'a qu'à marcher sur les traces du père; la protection de la famille et de la classe le conduit tout doucement et comme par la main à travers les diverses circonstances de sa vie; pour se pousser dans le monde, il a moins besoin de compter sur lui que sur les autres. Posséder l'art de se ménager autrui, être un parfait homme du monde, est la chose la plus utile. Aussi est-ce dans ce but que travaille l'ancienne école; elle élève l'homme d'une classe ou d'un parti, d'une fonction ou d'une situation. On s'occupe des riches, on néglige les pauvres. On forme l'homme du monde, l'« honnête » homme peu soucieux de travailler mais avide de jouir, l'homme de représentation et point l'homme d'action. Locke, continuant la pensée de Montaigne, vise à l'éducation du parfait gentilhomme; les Jésuites cherchent à former le chrétien doublé de l'homme du monde. De part et d'autre, on élève l'homme pour l'utilité publique, pour la société ou pour la religion, jamais pour lui-même. On éduque en lui l'être social, on néglige l'être intérieur et moral. On lui apprend à jouer un beau rôle dans le monde, on ne lui apprend pas le métier d'homme. Or, que vaut l'homme ainsi formé pour elle-même par une société raffinée? Que vaut l'homme de 1790? Être délicat et fin, spirituel et gai;

personnage de salon mais intelligence prisonnière de préjugés étroits et volonté sans ressort; incapable de se plier à une situation à laquelle il n'était pas destiné; bien fait pour entrer dans un cadre solidement établi, mais impuissant à le maintenir quand il se désorganise; utile quand la société est forte et le protège, inutile quand elle faiblit et se dissout; sans vigueur pour la lutte, désarmé devant le danger.

Mais voici que les conditions de l'existence changent. L'édifice social menace ruine, la monarchie absolue s'ébranle, les classes se discréditent, les corporations se meurent, la famille se désorganise, l'Église n'est plus respectée. Dans ces moments de trouble et de mobilité humaine, peut-on élever un enfant comme s'il devait toujours être riche, heureux et entouré de ses gens? Sur quel appui compter autre que soi-même? Donc, développons cette force qui est nous-même. Apprenons l'art d'agir et le métier d'homme. Une société nouvelle va s'établir sur les ruines de l'ancienne et reposera sur l'individu; elle le veut vigouroux, énergique. Fabriquer des hommes va désormais devenir le mot d'ordre des éducateurs.

Le XIX° siècle a-t-il accompli cette œuvre d'émancipation de l'individu? Si la Révolution l'a consacrée légalement, et si elle a jeté les fondements d'une société nouvelle dont l'individu est le centre et le but, la chose longue et difficile est de la réaliser dans les mœurs. Le siècle qui vient de finir ne laisse-t-il pas l'impression d'un siècle d'hésitations, de recherches et de luttes, d'un siècle mal assis, tiraillé par deux courants contraires, le courant des vieilles habitudes de penser et d'agir, et le courant des nouvelles habitudes que réclament les exigences de la vie moderne?

L'opinion s'est-elle fortement constituée en vue du développement de l'homme? N'est-elle pas encore trop pénétrée de l'esprit d'un passé communautaire? Le mécanisme social ne pèse-t-il pas sur l'individu de tout son poids niveleur? Peu respectueuse de la personnalité, de la nouveauté, la société française désire moins l'homme à la vie intérieure fortement constituée, aux idées neuves et fécondes pour l'action, que l'homme aux manières « reçues », aux façons de penser et de sentir « acceptées », apte à alimenter la vie mondaine. Et si quelques individualités puissantes réussissent à briser les mailles étroites de ce filet oppresseur, cette force uniformiste et conservatrice agit sans cesse de façon à détruire dans la race les ressorts d'individualisme et de progrès.

Les cadres qui enveloppaient l'individu, s'ils n'ont pas totalement disparu, sont fort affaiblis. N'est-ce pas cependant en vertu de vieux préjugés conservés, n'est-ce pas sur ces cadres fragiles que nous continuons à nous appuyer? Si la famille, l'Église et la classe ne sont pas des éléments suffisants de réussite, ne reste-t-il pas l'État comme dernière ressource? Dès lors, on va recourir à lui pour obtenir une situation modeste mais sûre; on va réclamer l'élargissement de ses pouvoirs. Nous assistons ainsi à l'augmentation alarmante du nombre des fonctions parasites qui émargent au budget public, à l'assaut de ces situations par une jeunesse fiévreuse et éperdue; et tandis que la gloire d'appartenir à quelque degré à l'administration miroite à tous les yeux, les activités intelligentes et généreuses se détournent du travail producteur qui fait la richesse nationale.

La Révolution a émancipé l'homme, mais on a oublié la grande chose, c'est de le fortifier. Alors, peu confiant en lui, peu confiant aussi dans les institutions sociales qui l'entourent, est-il étonnant qu'il aspire de plus en plus à la formation d'une large puissance organisatrice qui lui assurerait son salut? Au moment où les sociétés neuves et progressives s'organisent sur le principe du développement intense de l'individu, nous allons petit à petit nous abîmer dans la veulerie et la médiocrité du fonctionnarisme et du collectivisme. Sous couleur de justice et d'amour, on veut peupler la France de mendiants et d'esclaves.

Allons-nous, franchement, dire à nos fils l'existence du courant qui entraîne hommes et choses vers cet idéal nouveau, la nécessité pour eux de se mettre dans la direction de ce courant, et d'utiliser sa force, au lieu de chercher à l'arrêter; allons-nous leur apprendre le courage de regarder en face les difficultés de la vie nouvelle, le goût de l'effort et de la responsabilité, l'attitude royale de de la confiance en soi-même? Aurons-nous la force de leur dire que les grands hommes et les saints, ces héros de l'invidualisme, leur tracent la route où Dieu veut que nous marchions, qu'en chacun d'eux il y a le germe d'un héros ou d'un saint, et que leur devoir est de le faire éclore?

Or, si la famille renonce de plus en plus à l'œuvre d'éducation, si la société est trop atteinte d'un mal profond, pour que d'elle arrive à l'âme de la jeunesse la santé et la vigueur, c'est donc le rôle de l'école de s'organiser sur cet esprit nouveau, d'envelopper l'enfant d'une atmosphère d'individualisme, et de jeter au sein de la société des germes féconds de vie qui la renouvelleront.

Lancer une fois, en passant, ces phrases

sonores dans les oreilles de l'enfant, ne suffit pas à en faire un homme « nouveau. »; les graver, fût-ce en lettres d'or, sur le frontispice d'une école, ne suffit pas à en faire une école « nouvelle ». Cette idée individualiste doit être à la base et au sommet de toute l'organisation scolaire, pénétrer toutes les manifestations de sa vie, agir sur l'enfant à la façon d'une atmosphère vivifiante qui le pénètre inconsciemment, constitue la substance de son moi, devienne une idée-force, autour de laquelle se grouperont les autres idées, et qui, se réalisant toujours davantage, le fera toujours plus homme.

II

L'ASPECT DE L'ÉCOLE MODERNE

Regardez de ce point de vue l'école elle-même, son aspect va changer. Le lieu a sa physionomie et son âme, pour ainsi parler. Il est le symbole d'une idée, qui insensiblement agit sur l'homme. Comment ne voit-on pas assez l'importance de ce facteur? Élevez la plante dans une serre chaude, ou bien à l'air libre, sera-t-elle la même?

Née à l'abri du cloître, c'est l'esprit monastique qui de nos jours encore anime l'école. Lieu « ascétique », avec son enceinte de murailles, sans horizon sur la réalité, avec son corps massif, ses salles nues, son architecture sévère, son atmosphère triste et chagrine, elle est une prison morale où l'on dit adieu à la vie réelle, au contact avec les choses et avec les hommes, pour s'isoler, pour se recueillir et pour se spiritualiser; où l'on meurt petit à petit à la terre pour se tourner vers le monde du rêve et de la pensée.

Une maison aimable et hospitalière, au cœur de la campagne, encadrée de verdure et baignée de lumière, les portes grandes ouvertes sur la nature, et enveloppée d'une atmosphère de vérité et de vie, de joie et de gaieté; un lieu riant qui attire puissamment au dehors les sens et l'intelligence, les invite à comprendre et à conquérir ce monde, théâtre illimité d'action pour la volonté créatrice : tel est le sol richement nourricier où il convient de placer l'enfant.

Mais l'école, malgré ses pelouses vertes et ses prés parfumés, ne restera-t-elle pas toujours l'école, c'est-à-dire un lieu peu favorable au développement de l'individualité? Si l'enfant est toujours pris par la vie commune, s'il prend invariablement avec ses camarades ses distractions et ses études, son repos et son sommeil, si le règlement pèse toujours sur lui de sa main lourde et sévère, si aucune portion de son temps ne lui appartient, si aucune partie de l'école n'est vraiment sienne, c'est l'être social et extérieur que vous formerez. Éduquerez-vous l'être intérieur, et la personnalité?

A l'école nouvelle, deux parts sont faites dans la journée : l'une, la plus grande, est consacrée au travail. C'est le domaine du devoir auquel on est tenu de satisfaire. L'autre appartient à l'enfant : il jouit de la libre disposition de ses mouvements. Il se repose ou il travaille, il lit dans la bibliothèque, ou sommeille sous un frais ombrage; il erre dans les bois, dans les prairies ou sur les chemins, à la poursuite d'un nid, d'un caillou, d'une plante ou d'un papillon. Il construit un souterrain, ou il arrose ses fleurs, il rabote une pièce de bois, ou il nettoie les allées de son jardin.

L'école elle-même se divise en deux parties distinctes. Dans l'une se passe la vie en commun; l'enfant travaille, joue, rit avec ses camarades : il souffre et jouit de ses mille contacts avec des natures diverses. Sa sensibilité s'émousse ; ses idées perdent de leur raideur et de leur excessive personnalité ; son caractère arrondit la pointe trop aiguë de ses angles. L'autre appartient à l'enfant seul ; c'est son « home », son lieu de choix, fait et décoré pour lui ; il y laisse quelque chose de son âme pour jamais. Il s'y retire le jour pour préparer sa tâche journalière ; il s'y retire le soir pour reposer ses nerfs ébranlés des agitations et des chocs de la vie commune. Là il se possède, il est lui-même.

Nous n'exagérons pas cette influence du milieu en matière d'éducation. Le corps et l'âme de l'enfant ne sont-ils pas soumis aux lois de développement de la vie ? N'est-ce pas la nature du terrain et les conditions climatériques qui font la plante ce qu'elle devient ? Et l'école, elle aussi, n'offre-t-elle pas comme conditions de développement à l'enfant la qualité de son sol et la valeur de son climat ? On ne le voit guère. La société du XVIIe et du XVIIIe siècles, d'où nous sortons presque entièrement, a tellement vécu d'une vie artificiello, dans les salons, qu'elle s'est habituée à considérer l'homme tout fait, tel qu'il lui arrivait pour ajouter à son charme, et pour alimenter sa vie. On a progressivement oublié que l'homme est une plante qui plonge ses racines dans la terre, que les qualités du sol se retrouvent dans la substance de la plante, et que, dans une large mesure, il suffit de choisir ce sol et de modifier ses qualités nutritives, pour que cette substance se modifie. Si l'on veut former l'homme pour la vie réelle, et pour l'action, qu'on le prolonge dans un milieu d'une réalité concrète intense, qui pèse de tout son poids sur son âme, la rive solidement aux choses et aux hommes, alourdisse ses ailes, et la rende moins apte à la rêverie et à la méditation. Que l'École soit organisée sur une idée fortement individualiste; que de toutes ses parties un parfum se dégage à chaque instant et passe sur la personnalité endormie, l'invitant à s'éveiller, à prendre conscience d'elle-même et à s'épanouir.

III

L'ESPRIT DE LA MÉTHODE

En effet, la personnalité de l'enfant est chose profondément sacrée, absolument respectable. Elle est un germe de vie avec ses lois de développement, une puissance avec son idéal à réaliser. L'attitude qui sied à l'éducateur n'est-elle pas celle du jardinier amoureux de sa plante, qui surveille la libre spontanéité de son mouvement, prévient les difficultés, les écarte d'une main habile, sollicite l'éveil de ses activités endormies?

Pendant longtemps, l'enfant a tenu peu de place dans les préoccupations de la société. Avant la fin du xviiie siècle, lorsqu'on étudie l'homme, c'est de l'homme fait qu'il

s'agit ; c'est le mécanisme logique de ses passions dont on analyse les rouages et le jeu.
On ne s'intéresse pas encore à l'homme qui
se fait, pas plus qu'on ne s'intéresse à
l'homme qui a vieilli. A quoi bon s'occuper
de l'enfant, puisque le but de l'éducation
n'est pas de le former pour lui-même, mais
bien de l'élever suivant les convenances de
la société? C'est une matière informe à pé-
trir; le moule est tout préparé; coûte que
coûte, elle doit prendre la forme de ce moule.
L'éducation, d'ailleurs, est entre les mains de
l'homme fait. Or, la tendance première de
l'homme c'est, ayant un système d'idées et
d'habitudes, de se croire possesseur de la
vérité, et d'imposer autour de lui ses manières de voir et d'agir; c'est de tenir peu
compte de la nature et des aspirations de
l'enfant, et de le conformer à son idéal. La
nature résiste-t-elle? Elle est mauvaise; elle
a besoin de correction et de discipline. Elle
ne porte pas d'elle-même des fruits de bonté
et de vérité; une main étrangère doit en
greffer sur elle les germes. L'élève idéal est

un être passif, acceptant docilement la volonté du maître, et ne suscitant aucune difficulté. L'éducateur idéal est le maître qui réussit le mieux à briser chez l'enfant tous les ressorts de résistance et par suite d'initiative et de volonté, à développer en lui l'habitude de l'obéissance résignée et soumise.

Lorsque les conditions de la vie sociale changent, et que le besoin se fait sentir de fortifier l'homme, le problème pédagogique se pose à nouveau. On étudie l'enfant. L'observation se porte sur les choses de l'âme. On enregistre ce principe que la nature humaine, comme tout être vivant, a des lois suivant lesquelles elle se développe. Dès lors, prendre pour centre et pour fin la volonté de la société, et chercher à y plier la nature, c'est commander à la nécessité et faire fausse route. Mais, considérer l'individu comme une « fin en soi »; respecter le libre jeu de ses lois de développement; faciliter en lui la réalisation de toutes les puissances qu'il porte en germe : voilà l'idée de la nouvelle méthode.

La nature humaine est toute faite de spontanéité et de liberté : respectons son essence. Elle ne refuse pas de se laisser diriger, car elle est faible. Mais elle n'aime pas à se sentir dirigée malgré elle. L'ordre brutal est sans grâce, sans beauté, sans valeur persuasive. Le conseil, la suggestion, nous invite à agir et respecte notre liberté. Elle propose à notre spontanéité intellectuelle ou morale. En lui obéissant, nous goûtons toujours le plaisir qui résulte de l'exercice de l'activité libre.

L'emmaillotement auquel on soumet les membres de l'enfant est le symbole d'un autre emmaillotement, pour ainsi dire moral, qu'une éducation maladroite lui impose bon gré, mal gré. L'âme crie sous ce régime de contrainte irritante, et prend en horreur les personnes qui l'y assujettissent. Mais on redouble de zèle et de dévouement pour accomplir en elle une œuvre que l'on croit bonne. On veut empêcher l'enfant de s'estropier et de se déformer par des mouvements libres; et l'on ne voit pas qu'on dé-

forme ses membres en les mettant sous presse.
On veut à tout prix le rendre savant, honnête et bon; on lui rend odieuses la science,
la vertu et la bonté! La nature est ainsi faite
qu'elle aime mieux se tromper et se sentir
libre, que d'être dans le vrai et se sentir sujette.

Tels sont les besoins de l'âme moderne.
Sous l'Ancien Régime, toute la vie de l'homme
est assise sur le respect de l'autorité : le respect de l'Église, dans le domaine de la pensée morale; le respect de la Monarchie et de
l'organisation sociale, dans le domaine de la
politique; le respect de l'autorité du père ou
du maître, dans le domaine de l'éducation.
L'homme semble né sujet et accepte son esclavage. Souvent le joug lui pèse; mais on
colore de vertu cette obéissance à l'autorité,
et son assentiment est donné. Mais voici que
la raison s'éveille, et avec elle le besoin de
la liberté et le goût de l'indépendance. Elle
ébranle dès le xvi⁰ siècle l'édifice de l'Église,
au xviii⁰ siècle la puissance de la Monarchie
et de la société. Bientôt elle veut secouer le

joug de toute autorité. Elle aspire à plus de liberté dans sa vie intellectuelle et morale, à plus de liberté dans l'ordre de l'éducation.

C'est le respect et l'émancipation de l'individu que proclament les éducateurs, comme l'ont fait les législateurs dans le monde de la politique, et comme le font les philosophes dans le domaine de la morale et de la pensée. « Le moi est haïssable », avait dit Pascal exprimant l'idéal du xvii° siècle qui humiliait l'individu pour glorifier la communauté, qui faisait de l'homme l'esclave ou le sujet de la famille ou de la classe, de l'Église ou de la royauté. « Le moi est chose sacrée », proclame notre société individualiste. Les Romantiques le chantent. Les Kant et les Fichte le justifient dans leurs systèmes. Les Emerson et les Carlyle, les Whitman et les Nietzsche le glorifient dans leurs prédications morales. « Je chante le soi-même », One's self I sing : — ainsi s'ouvre le *Leaves of grass* de Walt Whitman. Sur l'individu repose l'édifice social ; il est à lui-même son principal appui. Comment lui refuser de prendre conscience de sa valeur et de sa dignité, de se faire le centre de ses rêves et de ses pensées, de tendre au développement le plus intense de son être, et de réclamer le respect le plus absolu de sa nature?

La nature est impuissante et la vie est mauvaise, disaient nos pères. A quoi bon gémir des inégalités de la fortune, et lutter pour les supprimer? Pourquoi le mécontentement et l'effort? A quoi bon l'audace et la conquête? A quoi bon le vouloir, et pourquoi le désir de se développer? Souffrir, se résigner, renoncer à la vie, mourir par l'esprit aux choses de la terre, en attendant l'heure réelle de la délivrance, n'est-ce pas le parti du sage?

Les individualistes modernes chantent la sainteté de la nature et la dignité de la vie. Optimisme! dira-t-on. Mais l'optimisme est réconfortant et créateur. Comment souhaiter pour l'homme un chant de désespoir et de mort, de renoncement et de résignation, quand Dieu lui a donné la vie pour la vivre intensément, quand la vie consiste dans le triomphe des difficultés, et que la victoire est au prix de la confiance en ses forces, de l'audace et de la volonté?

Optimisme dangereux ! reprendra-t-on. Proclamer la dignité de la nature et l'émancipation de l'individu, n'est-ce pas détruire la société, renoncer à la morale, et compromettre l'œuvre de l'éducation? Quelle prise avoir, en effet, sur la nature capricieuse? Comment régler ses instincts aveugles et débordants d'activité? N'est-ce pas ouvrir les portes toutes grandes aux appétits, aux fureurs et aux emportements de la passion?

Il en serait ainsi si la nature n'était autre chose qu'un faisceau d'instincts aveugles et indisciplinés, si elle n'avait mis en chacun de nous des ressorts d'action, que l'éducateur n'aura qu'à mouvoir pour arriver à ses fins, si elle n'avait placé à côté de nos passions des freins, des forces régulatrices capables de les discipliner, si elle ne travaillait ainsi elle-même au règne en nous de la liberté bien réglée. Ces forces de discipline, c'est la sensation seule d'abord, bientôt aidée de la raison, et enfin de la conscience morale : la sensation nous pousse à régler nos actes selon la loi du plaisir et de la douleur, la raison à ordonner notre vie selon la loi de l'intérêt, et la conscience morale à juger les choses selon l'idée de bonheur et de perfection, de bien et de devoir. Étudiez-les, voyez la loi sage qui préside à leur apparition et à leur développement. Elles viennent juste à temps pour faire contrepoids à la force croissante des instincts et des passions. L'enfant naît faible et impuissant; sa liberté est limitée par sa faiblesse même; il ne saurait guère en abuser. La sensation l'avertit des objets agréables ou douloureux; elle suffit à sa vie psychologique. L'enfant grandit, ses forces augmentent, il peut déjà nuire à ses voisins et à lui-même; la raison s'éveille, coordonne ses actions en vue de son intérêt, et règle ainsi sa liberté. La puberté arrive-t-elle, les passions commencent-elles à gronder, et leur force déchaînée semble-t-elle compromettre la liberté et menacer l'individu dans la conservation de son être? La raison et la conscience morale se développent pour faire équilibre au tempérament, et assurer à l'homme la maîtrise de lui-même. Un besoin de sympathiser et d'aimer se manifeste en lui. Aux heures de lutte, quand la passion aveugle l'esprit et que la nature hésite sur les bords du précipice entrouvert, la voix de la sympathie et de l'amitié vient souvent à temps pour fortifier la raison chancelante.

Ainsi, la nature n'est pas radicalement entachée de mal et de faiblesse; mais elle est une puissance de vie et de perfection. Si, pour donner ses plus belles fleurs et ses fruits les plus savoureux, elle a besoin d'une main diligente qui surveille le cours de son développement, n'allons sous aucun prétexte la comprimer, l'étouffer. L'ancienne société, constituée sur le principe de la vie communautaire, redoutait l'individu fort, indépendant et libre. Elle désirait faire de lui le « fidèle », l'homme du troupeau; elle voulait la tâche facile pour le berger. Ne nous étonnons point qu'elle se soit fait une morale et un système d'éducation selon ses désirs. Proclamer le principe du respect de l'individu, de la dignité de la nature et de la sainteté de la vie, c'est ruiner peut-être l'ancienne société avec sa morale et son système d'éducation, ce n'est pas renoncer à toute société, à toute morale, à toute éducation. Soyons sourds à la voix du passé; elle nous prêche la défaite. Écoutons la voix de l'avenir; elle est la voix de Dieu. Dieu veut pour nous la vie forte et épanouie au sein de la société dans laquelle il nous a placés. Il ne souffre pas, pour faire son œuvre, des traînards et des découragés.

La nature donc est bonne; elle prépare dans l'enfant le règne de la liberté bien réglée. Travaillez avec elle pour assurer la réalisation de ce règne, dirigez-la en faisant jouer un de ces ressorts intérieurs d'action, en faisant appel à une de ces forces disciplinaires qu'elle a mises en lui. Ne vous substituez jamais à elle; mais montrez-vous son auxiliaire. Ne la gouvernez pas malgré ses résistances. Mais allez droit à elle; faites-lui comprendre ses vrais intérêts, et amenez-la à vous admettre comme collaborateur et associé dans son œuvre de développement. Aidez-la à s'épanouir, à trouver son idéal de vérité, de beauté, et de vertu, à se ciseler sa statue. Mais venir avec « votre » idéal à vous, venir envelopper l'enfant, peser de tout le poids de votre science et de votre autorité pour le rendre conforme à vous ; mesurer votre valeur éducatrice à votre talent pour discipliner ses instincts de révolte, et colorer de vertu la pratique de l'obéissance et de la conformité, c'est peut-être remplir les vœux d'une certaine société, mais c'est détruire l'œuvre de Dieu. Aucun des arbres qui peuplent la forêt ne ressemble à son voisin : et cette variété est à la fois force et beauté. La vie a une multitude de formes, d'idées à réaliser.

Nous sommes une de ces idées. A nous le devoir d'aider la nature dans son œuvre de richesse et de fécondité.

L'éducation n'est pas une correction de la nature, mais une aide que nous lui prêtons : elle n'est pas une action par le dehors, mais une action par le dedans ; elle n'est pas une œuvre de contrainte et de force, mais une œuvre de douceur et de persuasion. Elle est une suggestion, et non pas une discipline.

IV

L'ESPRIT DE LA DISCIPLINE

L'œuvre de l'éducation consiste à former
l'âme de l'enfant, à faire éclore les germes
d'homme qu'elle porte en elle. Elle y sème
des idées qui, devenant des habitudes de
penser et d'agir, déterminent sa mentalité et
constituent son caractère. Mais pour germer,
ces semences de vérité et de bonté demandent
un terrain bien préparé, une âme assise dans
l'ordre et dans le respect de l'autorité. Si
l'enfant est mécontent ou mutin, il échappe
à toute culture intellectuelle ou morale. Le
discipliner, obtenir de lui l'obéissance et le
respect extérieurs, n'est pas chose trop difficile
à qui possède une volonté forte et tenace, de
la maîtrise de soi-même, et une certaine puissance de commandement. Celui-là seul échoue

à diriger l'enfant qui s'énerve, s'affole, s'impatiente et s'irrite, devient colère au spectacle des moindres fautes. On accuse l'enfant d'être naturellement indiscipliné. En fait, il « éprouve » l'homme dans le maître. S'il l'y découvre, il s'incline et ne lui refuse plus désormais l'obéissance. Il se mutine contre la volonté capricieuse, arbitraire, nerveuse, instable. Aspirant à devenir un caractère, il veut trouver un caractère dans son maître. Une volonté maîtresse d'elle-même, constante avec ses décisions, apparaît comme une sorte de nécessité physique, comme un mur d'airain devant lequel vient échouer toute résistance. Une loi veut que l'enfant, comme l'homme, ne se révolte point contre la nécessité physique ou morale. C'est donc à la maîtrise de soi-même, cette qualité virile par excellence, selon la pensée antique, c'est à la vue calme et froide des choses de l'enfant, au vouloir fort et tenace, que doit tendre l'éducateur, si la nature ne l'a pas fait tel. Cette façon de gouverner fait respecter l'autorité ; elle ne produit pas des mécontents et des mutins, et c'est chose essentielle. Mais elle prend encore l'enfant de l'extérieur; elle lui impose l'ordre en quelque sorte; elle le lui rend nécessaire à la façon d'un obstacle moral au delà duquel il n'est pas bon que son activité s'aventure. Elle le traite en être passif, en sujet. C'est le gouvernement éclairé d'une monarchie absolue. Elle comprime l'homme au lieu de l'élever. Elle ne l'émancipe pas; elle ne fait pas en lui l'être responsable et libre.

Prendre l'enfant par l'intérieur, intéresser progressivement tout son être à la réalisation de l'ordre; lui en faire comprendre la nécessité sociale et l'utilité individuelle; le lui faire désirer, vouloir et aimer : tel est le but de la discipline vraie. Sa nature n'est pas foncièrement ennemie de l'ordre; elle n'aspire pas à la licence; elle veut la liberté bien réglée; maniez habilement, fortifiez les ressorts d'action que Dieu a mis en elle, et vous obtiendrez, de sa propre spontanéité, la discipline. Faites-lui réaliser sa situation d'être responsable et libre dans la cité scolaire : il l'est vraiment si de lui-même il observe la règle et accepte le gouvernement. A-t-il besoin pour se conduire de la crainte du maître, de la cravache ou de la punition? il n'est qu'un esclave et qu'un sujet.

Il y a donc deux façons d'entendre la discipline. L'une est extérieure et autoritaire; l'autre est intérieure et persuasive. Celle-là fait de l'homme un sujet; celle-ci, un être libre. Subtilité! dira-t-on. Chose capitale, bien plutôt. « L'âme est capable de se rendre conforme à tout », a dit Bossuet. Enseignez-lui à prendre une attitude déterminée vis-à-vis des hommes et des choses, elle réalisera bientôt en elle l'être à qui convient cette attitude. Or, si la dignité de la vie humaine consiste moins à réussir, à briller ou à s'enrichir qu'à valoir moralement, qu'à adopter vis-à-vis des hommes et des choses l'attitude la plus noble et la plus virile, la plus fière et la plus indépendante, développer l'homme dans l'enfant n'est-ce pas lui apprendre cette attitude royale de la dignité fière et libre? Quand je rencontre un jeune homme de vingt ans, à la poignée de main hésitante, au ton de voix mal assuré, au regard timide et fuyant, je reconnais là l'influence déprimante d'une éducation autoritaire; je reconnais le sujet formé par un maître dominateur. Dans nos pays de plaine où la richesse du sol a vu s'organiser plus tôt et se maintenir plus longtemps le régime de la grande propriété, et l'autorité du seigneur, on remarque aisément l'empreinte déformatrice de la vassalité à la façon dont le paysan, pour vous saluer, se courbe presque à terre, et détourne de vous son regard apeuré. Dans nos pays de montagne où la pauvreté de la terre a dissocié plus vite la grande propriété, l'attitude du paysan est plus franche, plus indépendante et plus familière. Il y a dans tous les rangs de la nation anglaise des allures de gentlemen, d'hommes libres, qu'explique le régime de liberté politique qu'elle sut de bonne heure obtenir de ses rois. La féodalité, la monarchie absolue, ou l'État centralisateur ont tellement pesé sur nous de leur joug autoritaire et dominateur, que nous avons surtout des âmes de fonctionnaires et de sujets et que nous ne méritons guère encore le titre de citoyens indépendants et libres dont nous nous glorifions.

L'école moderne sera jalouse de former ces citoyens indépendants et libres. De bonne heure, l'enfant est capable de comprendre ce que l'on demande de lui. Il sait qu'il vous doit l'ordre et la discipline. Faites-lui comprendre qu'accepter cette discipline parce qu'on la lui impose, qu'exécuter un ordre par crainte d'un blâme ou d'une punition, c'est l'attitude humiliante de l'esclave et du sujet ; qu'aller de lui-même à l'ordre, qu'exécuter de sa propre spontanéité la règle, c'est être un membre responsable et libre de la cité scolaire : il sera fier de lui-même et de vous, se montrera docile à vos conseils, et vous obtiendrez de lui au delà de vos espérances.

Cette façon de gouverner fait aimer le gouvernement ; elle repose sur la bonne volonté de l'enfant et l'incline à choisir spontanément le bien. Elle prépare ainsi un terrain favorable à la culture morale.

Il ne suffit pas en effet de lancer d'un geste

quelconque dans l'âme des semences de vérité et de bonté, pour qu'elles y germent et y fructifient. L'âme n'est pas toujours prête à les recevoir et à les nourrir. Si l'éducation est un appel de toutes nos énergies vers l'idéal, la nature humaine n'est pas toujours disposée à cet effort. Mais son premier mouvement est de résister à l'influence de l'idée morale, et c'est cette ivraie de la résistance qu'il faut arracher. Endormir ces forces d'opposition, et permettre à la puissance de développement et de progrès que Dieu a mise au fond de notre nature individuelle, de se réaliser vers le mieux : tel est l'esprit de la discipline vraiment éducatrice. Non seulement elle fait appel au sentiment de la responsabilité, et développe la virilité et la maîtrise de soi-même, mais elle travaille activement en vue de la culture morale. Elle discipline extérieurement, et tout ensemble assure l'ordre intérieur; elle endort les facultés de résistance, et amène l'enfant à cet état de docilité qui lui fait suivre l'impulsion du maître presque à la façon du sujet qui obéit à son hypnotiseur.

V

L'ESPRIT DE L'AUTORITÉ

Ainsi entendue, l'autorité est respectée, aimée, et elle rend l'obéissance douce et facile, puisqu'elle est consentie.

Or, sait-on obéir, et sait-on commander autour de nous? Ou n'assistons-nous pas à une crise de l'autorité? n'est-ce pas un esprit d'opposition, de lutte et de guerre qui pénètre la société par tous ses pores, et y apporte l'anarchie? La famille, l'atelier, l'école, le gouvernement, ne sont-ils pas profondément atteints de ce mal de l'indiscipline? Et notre faiblesse sociale que les économistes accusent chaque jour croissante tient sans doute, comme à une de ses causes principales, à l'émiettement où nous jette cette désagrégation.

Quelle est la source du mal? Est-ce la nature qui nous ferait capricieux, autoritaires, indépendants, et impatients de l'obéissance? Est-ce une éducation maladroite qui développerait en nous ces défauts? Sommes-nous foncièrement ennemis de l'autorité? ou serions-nous seulement ennemis d'un certain mode d'autorité? Il y a des maîtres, il y a des parents, il y a des patrons, il y a des conducteurs d'hommes qui asseoient solidement leur prestige. N'est-ce pas qu'une certaine façon d'exercer le commandement le fait accepter?

Une première façon de commander est impérieuse, autoritaire; elle donne un ordre et ne souffre aucune réclamation; elle demande une obéissance qui s'incline sans contrôle et sans murmure. Elle s'indigne, s'impatiente à la moindre résistance. L'idéal qu'elle rêve du subordonné est celui du soldat, dont la personnalité s'efface tout entière, qui se fait l'instrument passif et docile des volontés du supérieur, qui n'a guère de susceptibilités à ménager, et que l'on manie avec l'aisance d'un rouage bien monté. Elle ne fait pas appel à l'intelligence, à l'initiative de l'individu; elle le comprime au lieu de l'élever; elle le traite en être passif, et non en agent responsable; elle l'envisage comme un bras qui exécute, non comme un cerveau qui comprend et prévoit. Cette autorité est pédante et vaine, jalouse de se montrer, de s'exercer pour le plaisir de s'exercer. et de faire sonner sa supériorité. Elle humilie et mécontente.

Notre société n'est-elle pas encore toute pénétrée de cet esprit « militariste »? Et cet esprit est-il conforme au mouvement où nous entraîne la vie économique, et aux besoins qu'elle crée dans l'âme moderne? Nous sommes dans un siècle de démocratie, du moins dans un siècle plein de désirs démocratiques. Le principe de ce courant qui nous emporte, c'est le sentiment que chacun éprouve d'être un homme responsable et libre, et le désir d'être traité comme tel. La classe, la situation, le rang, la fortune ne sont plus des critères de supériorité sociale. La vraie supériorité est intellectuelle et morale : si bien que pour commander et pour diriger, il faut avoir ce prestige que donnent le talent et le caractère, et que pour être obéi, besoin est de savoir estimer ceux que l'on commande. L'atmosphère où l'on aime à vivre n'est pas celle où l'on est comprimé, étouffé, mais celle où l'on peut se développer librement, où l'on sent grandir sa personnalité, où l'on n'a d'autre règle que celle de ne pas entraver l'initiative de ses voisins.

L'homme a deux sortes d'intérêts dont la satisfaction prépare son bonheur : des intérêts d'ordre matériel, et des intérêts moraux. Il désire arriver à la richesse, puisque la richesse est une condition de l'élévation sociale; il désire aussi ne pas être blessé dans ses susceptibilités les plus légitimes, et ne pas être contrarié dans le développement de ses facultés. Léser l'un ou l'autre de ses intérêts, c'est se l'aliéner. Assurer l'un et l'autre, c'est s'attacher un homme, c'est faire aimer et respecter son autorité.

Pourquoi les Anglais, pourquoi les Américains ont-ils une supériorité si grande dans la lutte économique? Pourquoi fondent-ils des œuvres si progressives, si ce n'est parce que leur manière de traiter leurs collaborateurs les attache à leur œuvre, les élève, et multiplie les services qu'ils rendent? Leur supériorité tient en partie à ce qu'étant hommes ils traitent les autres en hommes.

On se rend assez volontiers compte de la crise que nous traversons. On en cherche la cause dans une diminution de l'esprit moral et chrétien. Allons plus au fond des choses : la crise sociale est un problème pédagogique. Les relations entre les hommes ne sont pas ce qu'elles doivent être : les uns ne savent pas commander, et les autres ne savent pas obéir. L'autorité est trop physique, et nous désirons une autorité morale : l'autorité s'impose à nous de l'extérieur, nous comprime, et nous fait esclaves ; nous voulons une autorité qui nous prenne par l'intérieur, nous élève et nous fasse plus libres. L'autorité nous commande au nom d'un titre, d'une situation, d'une supériorité superficielle et passagère; et nous voulons une autorité qui, par sa supériorité intellectuelle et morale, conquière notre respect et notre sympathie.

Tel est l'esprit dont doit s'inspirer l'école moderne. Il faut que, heureux de s'être sentis compris et aimés, les jeunes gens, une fois entrés dans la vie, traitent les autres hommes comme ils ont été traités; et qu'à la famille, à l'atelier, au bureau, ils propagent au sein de la société cet esprit « pédagogique ». Il y aura de la sorte moins de raideur et de brutalité, plus de douceur et de bonté dans les relations entre les hommes; les liens de la solidarité morale s'affermiront et assureront la prospérité de notre pays.

Renoncer à l'autorité physique dont l'arme le règlement, et compter sur le prestige moral que lui assurera son talent, et la valeur de son caractère : telle doit être la pensée du maître. Ne jamais s'arrêter dans son développement, mais enrichir chaque jour la personnalité, élargir son être, voilà le devoir auquel il ne doit pas faillir. Nulle tâche plus que la sienne ne demande que l'on s'y donne de toute son âme, qu'elle ne soit pas un simple métier, mais une situation aimée, parce que les occasions s'y multiplient de porter son être au plus haut degré de perfection, et de faire un large don de soi-même.

VI

LE RÉGIME DE LA LIBERTÉ A L'ÉCOLE

Si de l'enfant on veut faire un homme, il faut l'élever en homme et le traiter en être libre.

Comment a-t-on pu concevoir l'attitude de l'enfant à l'école, comme celle d'un être passif, dont la vie est distribuée, régulière et mécanique, et que l'on pousse d'un exercice à l'autre, machine que l'on dresse à obéir? L'attitude du religieux passant silencieux dans les couloirs du cloître, et docile à la moindre volonté de son supérieur, serait-elle l'attitude proposée à l'imitation de l'apprenti-homme? Ce n'est pas l'esclave et le sujet qu'il faut former, mais l'homme indépendant et libre; ce n'est pas l'être qui obéit, mais l'homme apte à commander; ce n'est pas l'homme qui exécute, mais l'homme qui crée. Si vous traitez l'enfant en être passif, en chose, par quel coup de baguette magique allez-vous le transformer en personne? Qu'il soit un être actif, un agent responsable, un membre libre de la cité scolaire. Il ne s'agit pas de renoncer au régime de la liberté, sous prétexte que ce mode de gouverner offre des difficultés. Il s'agit de décider si ce privilège de la liberté est ou n'est pas un droit de l'enfant. Si à la base de la société moderne est une déclaration des droits de l'homme, une déclaration des droits de l'enfant doit être à la base de l'œuvre de l'éducation. L'enfant n'est pas encore tout l'homme qu'il sera plus tard, mais il veut être traité en homme pour être en mesure de le devenir. Il n'est pas encore bien maître de lui-même; mais l'abus qu'il peut faire de sa liberté est moins dangereux. Il doit plus tard gagner la confiance des hommes; que, dès l'école, il apprenne à la mériter. Le grand devoir du maître est de lui offrir son appui pour assurer son pied instable sur la pierre du chemin.

Est-il question d'une liberté sans frein, sans limite? Évidemment non. La nature ne le veut pas ainsi. Il s'agit de la liberté, de toute la liberté qui est compatible avec l'existence d'une société bien ordonnée, et où chacun peut remplir le but pour lequel il est entré au sein de cette société. La règle limite la liberté de l'un pour assurer la liberté de l'autre; elle est le dépositaire des droits et des intérêts de chacun Elle agit pour la plus grande utilité, pour le bonheur et le bien-être de ceux à qui elle commande.

La règle ainsi comprise n'est pas une loi capricieuse et arbitraire, dictée par une volonté étrangère, qui nous ordonne de sa voix austère et broie aveuglément toute résistance. Elle est la voix de notre intérêt; elle nous invite à nous maîtriser pour la conservation et l'amélioration de notre être. Elle n'est pas ennemie de la nature, mais plutôt elle travaille de concert avec elle pour assurer en nous le règne de la liberté bien disciplinée. Elle ne s'adresse plus à nous du dehors et sans raison, à la façon d'un ordre militaire; mais elle meut notre raison et notre sympathie. Nous ne nous révoltons point naturellement contre elle; nous sommes plutôt portés à aller vers elle, et à lui offrir notre concours. Voyez l'enfant toujours condamner avec amertume la classe, l'école où la discipline est relâchée. Il n'y est pas heureux, parce qu'il se sent lésé dans ses intérêts, car l'école ne peut lui être utile que si l'ordre y règne.

Mais poser à l'école le principe de la liberté, n'est-ce pas renoncer à l'ordre? Non, c'est renoncer à l'avoir par les procédés habituels, en étouffant les manifestations de la vie, en réduisant au minimum les occasions de fautes, en contrôlant les actes de l'enfant. Le régime de la liberté demande la confiance et le sentiment de la responsabilité. Et on ne s'arrête pas à mi-chemin dans l'une et dans l'autre. Obtenez l'ordre par le libre contrôle de l'enfant sur lui-même, par un mouvement intérieur et spontané, par une œuvre de bonne volonté et de maîtrise de soi-même. L'enfant ne s'intéresse pas aux choses de l'enfant, mais aux choses de l'homme. Prenez-le absolument au sérieux, et il se prendra lui-même au sérieux.

Qu'un acte d'autorité soit souvent nécessaire, qu'il faille même commencer par là, cela ne fait aucun doute. Cependant l'usage de la contrainte n'est qu'un pis-aller, et la vérité est de s'acheminer progressivement vers l'idéal de l'ordre obtenu par le libre consentement de l'enfant.

Il y aura bien quelque confusion, quelque indécision dans la régularité des mouvements; c'est une atmosphère de fluctuation, de trépidation qui règnera tout autour; on aura le spectacle de la vie qui s'agite, se comprime, se dilate, menace à chaque instant d'éclater. Puis l'orage avortera, et s'achèvera en une note d'ordre et d'harmonie.

Faites-vous à ce sentiment de la vie, et respectez-en les manifestations. Intervenez juste assez pour qu'elle ne devienne pas licence, bruit, chaos. Trop la comprimer est un crime de « lèse-individualité ». Renoncez au régime de la liberté, ou renoncez à l'idéal de l'ordre militaire ou monastique, tout fait de raideur mécanique et de froideur. C'est un ordre « mort », triste et chagrin; substituez-y l'amour d'un ordre moins « esthétique », mais plus « vivant », épanoui et joyeux.

Mais croire qu'il suffit de plonger l'enfant dans une atmosphère de liberté, pour qu'il en fasse un noble usage, serait une singulière erreur. Et l'on serait le premier grand coupable de ses chutes, si on le condamnait à porter seul le poids lourd de sa responsabilité. Le régime de la liberté exige du maître la plus vive sollicitude. Non pas qu'il faille jamais « surveiller » les actes de l'enfant. Mais dans son regard, dans sa poignée de main, dans son ton de voix, dans son attitude, ne lira-t-il pas infiniment plus qu'il ne ferait de ses yeux? C'est cet art de déchiffrer rapidement et sûrement les âmes qu'il faut acquérir. Le meilleur frein extérieur que l'on puisse donner à son élève, c'est ce sentiment qu'il ne peut échapper à l'œil scrutateur du maître, et que ses faits et gestes seront devinés, et jusqu'à ses moindres intentions. Le maître doit sentir que, de son bureau, il pèse sur la pensée de ses élèves dispersés dans la campagne, et qu'au moment de la tentation, son image se dresse dans leurs âmes, et va réveiller en elles la conscience et la volonté endormies. Qui n'a pas le don, ni le goût de la pénétration de l'enfant fera bien de renoncer à ce système de la liberté.

Le régime de la confiance suppose chez l'enfant le contrat tacite avec le maître de respecter les règles sans lesquelles l'école ne saurait exister. Toute faute est donc une faiblesse ou un manque de virilité, une lâcheté ou une déloyauté. La lui présenter sous cet aspect « moral », la lui faire comprendre, c'est déjà, si l'on est maître de sa

bonne volonté, c'est déjà l'avoir corrigé :
car l'enfant n'a pas le désir de rester un faible, ni d'être lâche, ou déloyal. On ne re-
vêtira jamais la faute de la couleur d'une
désobéissance, ou l'on se trouvera désarmé
devant elle. Résister à la volonté du maître,
est-ce une faute morale? N'est-ce pas plutôt
une forme de courage et d'héroïsme?

Dans l'intérêt de l'enfant ou dans l'intérêt
de la cité scolaire, le maître intervient-il par
la sanction, celle-ci sera toujours une vraie
« réparation ». Discipliner extérieurement
l'enfant n'est pas le but, mais bien l'améliorer. Toute punition qui s'imposerait brutale-
ment à lui, se proposerait de l'ennuyer, de
le mâter, révolterait son âme en faisant
plier son corps, le détournerait du maître,
et compromettrait l'œuvre de l'éducation.

La punition sera toujours acceptée librement. Allez plus loin : amenez l'enfant à
se punir lui-même, et sous sa propre responsabilité. Et s'il devait maugréer, mieux
vaudrait laisser la faute impunie. Vous lui
donnerez alors cette forte impression qu'à

une faiblesse il vient d'en ajouter une autre plus grave et de propos délibéré, et qu'il a baissé dans votre estime. Le « tout » de l'éducation morale c'est qu'il tienne à cette estime.

Mais la bonne volonté de l'enfant n'est-elle pas encore acquise, et avez-vous affaire à une de ces natures vigoureuses dans l'indiscipline et la révolte? la punition suivra inévitablement l'infraction de l'ordre. Soyez toujours sans colère et sans énervement. Si l'enfant ne trouve dans la révolte aucune satisfaction, surtout celle — toujours attrayante — d'irriter le maître, vous le trouverez bientôt désarmé. Ne le méprisez jamais, mais respectez sa volonté même sous cet aspect. Allez plus loin : redoublez vos démarches auprès de lui; multipliez vos marques d'affection sincère et désintéressée, travaillez à le gagner — l'éducation est une œuvre de conquête — : nul doute qu'un mouvement de sympathie ne progresse dans son âme, et qu'il ne se tourne bientôt spontanément vers le bien.

C'est à gagner d'abord, et ensuite à conserver cette bonne volonté que l'éducation doit viser.

L'enfant vous la donnera volontiers, si vous le prenez par l'amour profond qu'il a de lui-même et de son développement. Plus que les conseils, sera efficace le sentiment joyeux qu'il grandit. Qu'il ait l'impression forte de gagner dans son corps, dans son intelligence, dans son cœur, dans sa volonté ; vous l'avez en mains, il ne demande qu'à vous suivre. Encore une fois, ce n'est pas sur un esprit chagrin et triste que doit être conçue l'éducation. Le mot d'ordre ne doit pas être l'effort pour l'effort, mais l'effort pour la joie virile qu'éprouve l'âme à s'enrichir.

Avant tout, il importe que l'enfant se sente grandir moralement. Par timidité, par faux respect, on craint de pénétrer dans sa vie intérieure, et on le laisse seul à seul en face de la passion croissante. On prévient ses fautes « physiques » ; on s'inquiète peu de ses fautes « morales ». Lui apprendre à fuir les orages de la passion, à respecter dans son corps la source de la vie, sauver en lui-même, malgré lui, la virilité menacée : voilà le devoir le plus essentiel de l'éducateur. Soyez sûr de la moralité de l'enfant, et laissez-lui sans crainte et sans timidité la responsabilité de ses autres fautes.

Ici la tâche est plus délicate. L'éducateur y réussira si sa vigilance est favorisée par une puissante sympathie du jeune homme pour lui, et si son tact y intéresse tout l'être de l'enfant.

Mais voici de plus en plus l'œuvre de la culture morale suspendue à l'affection et à la sympathie réciproques du maître et de l'élève. L'attitude qui convient au premier n'est-elle pas celle de la familiarité simple, bonne et dévouée? qu'il soit riche intellectuellement et moralement, mais ne fasse pas sonner sa richesse. Sa supériorité saura bien s'exprimer d'elle-même, et il aura plus besoin de la tenir cachée que de l'étaler avec affectation. La familiarité engendre la confiance et la sympathie. Portés par cette sympathie, les actes et les paroles du maître iront sûrement éveiller un écho dans l'âme de son élève. Il sera familier, s'il sait vivre près de l'enfant avec l'enfant, et de sa même vie ; qu'il dépouille en lui le vieil homme ou l'homme mûr : que son âme se rajeunisse au contact de la jeunesse. Jouer avec lui, partager ses plaisirs et ses travaux, être avec lui dans un contact fréquent, intime : tel est le secret de son action. Plus il vivra de sa vie, plus son image pèsera en quelque sorte sur l'enfant, sur ses idées et sur ses décisions. Il ne sera plus le maître, mais davantage le confident et l'ami.

VII

Le postulat de cette méthode d'éducation c'est que la nature humaine, comme l'être vivant, possède un principe intérieur et spontané de mouvement, et que la loi de ce mouvement est de tendre à la réalisation de toutes ses puissances, de toute la perfection qu'il enveloppe. Nous ne croyons pas la nature parfaite : l'existence du mal moral serait inexplicable et l'œuvre de l'éducation inutile. Mais dans la thèse qui proclame la malice radicale de l'homme, l'action éducatrice est inefficace, et l'on ne rend pas compte de la vertu. Légitimer la nature, glorifier la vie, comme le fait l'âge moderne, c'est légitimer et glorifier ce principe de progrès.

Un instinct nous pousse à vouloir la conservation et le développement de notre être; les psychologues l'ont diversement appelé : les uns le vouloir-vivre, d'autres la volonté de puissance; appelons-le l'appétit de l'être. Plus calme et plus lent chez les uns, plus ardent et plus impétueux chez les autres, il est chez tous également profond et indéracinable. L'œuvre de l'éducateur consiste à se rendre maître de cette force de progrès, à en éveiller et activer les énergies, à lui épargner les entraves et les hésitations, à canaliser ses efforts dans la voie du bien.

Quiconque a vécu près de l'enfant sait toute la difficulté que l'on éprouve à diriger son âme. Quels ressorts faire jouer pour prendre possession d'elle et l'ébranler tout entière vers l'idéal? Quels mobiles employer pour la détourner d'une voie fâcheuse? On fait appel à l'intérêt, à l'amour des parents et des maîtres; dans les grandes circonstances, on recourt à la crainte ou bien à l'amour de Dieu, au respect du devoir et de la vertu. Mais que ces raisons de sentiment sont faibles contre la passion qui gronde ou la révolte qui murmure! L'idéal que l'on agite à ses yeux est celui de l'enfant sage et pieux : l'enfant sage qui est docile et obéissant, et donne du plaisir à ses parents et à ses maîtres; l'enfant pieux dont l'amour de Dieu détermine toutes les actions. Mais il faut être peu clairvoyant pour ne pas noter sur les lèvres de l'enfant un sourire moqueur et dédaigneux, pour ne pas le voir souffrir d'un idéal aussi puéril et naïf. L'amour des parents, l'amour du devoir, l'amour de Dieu sont choses saintes; à entendre leurs noms, son âme ravie voudrait frémir de joie; mais on les associe à une contrainte dure, à un effort pénible; on s'en sert comme de moyens pour obtenir de lui la soumission et l'obéissance!

Une autre voix nous appelle à cet effort, à cette contrainte : la voix de tout notre être qui nous crie de viser à la plus grande virilité, à la plus grande maîtrise de nous-même.

Développez chez l'enfant le désir d'entendre cette voix et de lui obéir. Qu'il s'agisse d'une passion à dominer, d'un effort à faire pour accomplir la règle ou satisfaire à la loi du travail, faites-lui comprendre que commander à sa passion, qu'accomplir cet effort pénible, c'est être plus homme. Tous les événements de la vie morale peuvent être envisagés de ce point de vue. Les actions vertueuses sont des actions viriles; les péchés sont des lâchetés et des faiblesses. Or l'enfant ne supporte guère l'idée de commettre une faiblesse ou une lâcheté, et son plus ardent désir est de faire œuvre d'homme. Prenez l'enfant par ce mobile puissant d'action. Habituez-le à concevoir la noblesse et la grandeur de l'attitude virile, à y puiser le mobile principal de ses actes. Il aura les yeux suspendus sur vous avec ravissement et admiration. Voyez comme il lit d'un souffle halétant les exploits d'un héros, la vie d'un homme de guerre remarquable ou d'un grand bienfaiteur de l'humanité! Il sent en lui l'étoffe de quelque grand homme; il est reconnaissant à cette lecture d'éveiller et d'élever les énergies de son être. Pourquoi ne seriez-vous pas le livre vivant qui lui renouvelle sans cesse cette action bienfaisante? Soyez sûr que le sourire de moquerie ne se dessinera jamais sur ses lèvres.

VIII

L'ESPRIT DE LA CULTURE MORALE

Voilà le terrain favorable à la culture intellectuelle et morale.

Nous ne nous préoccupons pas ici des vérités purement scientifiques qui s'adressent à l'intelligence seule, mais de ces idées qui intéressent notre cœur et notre volonté, pénètrent et colorent notre moi, forment sa substance, déterminent son attitude dans les diverses circonstances de la vie, et décident de sa conduite. Pour que ces idées soient fortes et passent facilement à l'acte, besoin est qu'elles soient vraiment nôtres, que nous les ayons non pas simplement reçues, mais gagnées, mais conquises. Si chacun de nous a sa nature propre, toute vérité n'est pas susceptible de devenir notre vérité. Toute idée n'est pas apte à entrer dans notre système de connaissances.

L'ancienne conception de la vérité était celle d'une vérité impersonnelle, universelle, objective. Arrêtée une fois pour toutes dans ses formes sévères, elle nous domine comme une déesse sur son piédestal et attend nos hommages. La conception moderne est celle d'une vérité subjective, personnelle, individuelle. « Votre » vérité n'est pas « ma » vérité. Ma vérité est celle à qui je vais de toute mon âme. et dont mon être peut s'enrichir. Votre vérité est pour vous un principe de vie ; elle peut être pour moi un principe de mort.

Si vous partez de cette vérité objective et si vos efforts tendent à lui amener l'individu, malgré lui ou bien à son insu, craignez de ne faire jamais la persuasion en lui, et de détacher de vous sa confiance. Craignez du moins d'abuser de votre prestige et de votre autorité morale. La méthode de gouvernement que nous avons cherché à définir en endormant dans l'âme les facultés de résistance, l'amène à un état de docilité assez semblable à celui du sujet entre les mains de son médecin. User de votre puissance pour la former sur le patron de votre idéal, trouver du plaisir à la dominer, à voir votre âme passer progressivement en elle et se substituer à elle, c'est renouveler l'œuvre d'un Fénelon, c'est entendre l'éducation d'une façon égoïste, c'est détruire l'individualité sainte et sacrée, c'est aller contre la volonté de Dieu.

Partez de l'individu, comme l'a si bien compris Pascal; c'est tout son moi qu'il faut intéresser à la vérité, et le consentement de tout son être qu'il faut obtenir. Encore Pascal est-il trop préoccupé de démontrer « sa » vérité et d'y conduire le « libertin » par des voies plus persuasives mais non moins dogmatiques. Il est nécessaire d'aller plus loin dans le respect de l'individu. Il ne s'agit pas de résoudre pour lui le problème de la vie et de l'amener habilement à en admettre la solution. Il s'agit de le pousser à trouver sa solution. Observez le mouvement de son intelligence, découvrez ses besoins, la voie cachée où s'avance sa nature, devinez le point de vue qu'il cherche et autour duquel se grouperont ses idées. Harcelez-le de questions; dirigez ses lectures, faites travailler son intelligence, ne lui dites pas la vérité, qu'il la trouve lui-même et la fasse sienne.

Comment ! vous, chrétien, vous avez un jeune homme soucieux de vérité religieuse, et vous le laisseriez sur la pente du doute, vous ne chercheriez pas à peser sur lui de tout votre savoir et de tout votre amour, pour le ramener, même malgré lui, dans la voie que vous jugez vraie? — Non, jamais. Ce n'est pas à moi, c'est à lui à se faire sa croyance. Je lui dois une bonne atmosphère morale, où son âme puisse librement et impartialement se chercher. Je ne dois pas faire pour lui son salut. Et que vaudrait un christianisme ainsi dogmatiquement présenté, ainsi extérieurement accepté? Le contact avec les hommes n'éveillerait-il pas bientôt ses doutes, et son âme inquiète, défiante vis-à-vis d'une vérité à la force de laquelle elle avait cru, ne briserait-elle pas pour jamais les portes de sa prison?

J'aimerais bien plutôt à le pousser à la recherche de la vérité. Mes questions pressantes lui ramèneraient le problème de la vie, le problème moral et religieux. Si, de lui-même, il entrait dans la vraie voie, je l'y suivrais. S'il résistait, je le laisserais résister. Je chercherais à le connaître, pour savoir sous quelle face lui présenter le christianisme. A quoi bon faire ressortir la valeur sociale de l'Église, si ce problème social ne l'intéresse pas? Pourquoi lui montrer la valeur esthétique de la religion, si son âme est peu tournée vers les choses du beau? Pourquoi insister sur l'unité du dogme et de la discipline de l'Église, s'il est peu soucieux d'unité et de discipline? Mais si je le voyais désireux de puiser aux diverses sources de l'énergie morale, je lui présenterais dans le christianisme le principe de la grâce et celui de l'amour, qui, par la voie des sacrements, nous apportent du Ciel un souffle de force et d'énergie. Cette idée une fois déposée en son sein, je l'y laisserais dormir jusqu'au jour où la souffrance épuisant en lui toutes les réserves de la vigueur morale, il éprouverait le besoin de se fortifier à une source nouvelle, et plus vive. Alors n'y a-t-il pas grande chance que l'idée sorte du lieu retiré où elle sommeillait dans l'âme, et soit pour jamais admise comme sienne ?

Telle est la méthode de la culture morale. Elle ne veut pas à tout prix former le chrétien, le « fidèle » d'une secte religieuse; elle veut faire avant tout l'homme, et par surcroît le chrétien si un mouvement spontané et libre y conduit l'individu. Elle ne dogmatise pas au nom d'une doctrine, cherchant à l'imposer; en s'inspirant de cet esprit autoritaire, ou bien elle formerait des âmes serves et passives, ou bien elle perdrait la confiance des intelligences indépendantes et libres. Les Jésuites ont eu le monople de l'éducation au xviiⁱᵉ siècle, et le xviiⁱᵉ siècle s'est soustrait à leur influence. Au xixᵉ, l'Église, plus encore que l'Université, a été l'éducatrice de la jeunesse : voit-on que la confiance dans le christianisme ait augmenté ? S'il est vrai qu'un courant de plus en plus rapide entraîne les générations présentes hors du sein de toute Église, il l'est aussi que les besoins moraux de l'humanité n'ont pas diminué. Plus un individu, plus un peuple vit d'une vie active, plus il réclame une forte nourriture morale qui le prépare à la lutte. C'est quand les jours de la servitude arrivent en Grèce, que s'y propagent les sectes épicuriennes et stoïciennes. Nulle cité antique ne fut plus laborieuse que Rome, nulle cité ne fournit à la morale un sol plus nourricier. Les Allemands, les Anglais et les Américains sont de nos jours les plus ardents à la lutte économique; aussi les prédicateurs moraux y sont multitude. D'où vient donc en France la défaite du christianisme? S'il fut, pendant tant de siècles et pour tant de races différentes, un principe de vie, serait-il un principe de mort pour les générations de l'avenir ? Au lieu de se perdre en regrets du passé, de gémir sur les misères du temps, et de prophétiser la décadence morale de l'humanité, ne serait-il pas plus sage de comprendre que la vie change pour l'homme, qu'en se modifiant les conditions du travail modifient ses désirs et ses besoins, que le progrès se fait dans son âme, que ses facultés se développent, que le point de vue d'où les choses lui apparaissent varie, qu'une nouvelle atmosphère morale enveloppe sa vie intérieure, que la vérité, sans changer en elle-même, ne plaît pas toujours par les mêmes aspects, et que ses éducateurs doivent adapter à ses besoins leur tactique et leur méthode de direction?

Quand, au moyen âge, la société tout entière reposait sur le principe de l'autorité; quand d'elle-même elle recourait à une égide puissante, incapable qu'elle était de protéger sa vie matérielle comme de conduire sa vie morale, c'est sur le principe de l'autorité que s'établit le gouvernement civil ou religieux. La société moderne est pleine de rêves d'émancipation et de désirs de liberté; si l'État est resté trop autoritaire, despotique et centralisateur, l'Église a trop conservé l'esprit du moyen âge. L'un se maintient encore par la force; l'autre n'a plus que son crédit moral, et baisse. Les nécessités de la vie font à l'homme une loi d'être viril, indépendant et libre; comment voulez-vous qu'il ne s'en fasse pas bien vite un droit et un devoir, et qu'il n'échappe pas au joug de votre influence, si vous le traitez en être de dépendance et de servitude?

L'éducateur moderne respecte profondément l'individualité dans l'homme; à ce prix, il mérite son estime et gagne sa confiance. Il n'impose pas « sa » vérité : il éveille, il développe le goût des préoccupations morales. Ce n'est pas un « fidèle », un être docile et soumis qu'il veut former, mais l'homme à la pensée fière et libre. Il modère, il suspend son action directe au fur et à mesure que l'élève s'émancipe davantage. Son but n'est pas d'organiser un royaume de sujets sur lequel s'étendrait sa domination, mais de préparer une république de citoyens qui aient l'énergie et la science de se gouverner par eux-mêmes. Son influence ni ne s'étale ni ne s'impose : elle se cache et se fait désirer. Elle ne blesse pas, elle attire. En effet, l'humanité n'est pas ennemie de toute direction morale, car elle est faible; elle la réclame bien plutôt, car elle veut être forte. Mais, jalouse de ses droits à l'indépendance et à la liberté, elle ne souffre pas qu'un joug pèse sur ses épaules sous le prétexte de direction morale. Elle veut bien des conseillers et des amis à qui raconter ses misères et ses faiblesses, s'ils méritent sa confiance et sa sympathie; elle ne supporte pas qu'ils se donnent pour des maîtres et des dominateurs.

IX

L'ESPRIT DE L'ENSEIGNEMENT MORAL

Tous les actes, toutes les pensées, toutes les sollicitudes du maître doivent avoir pour but d'éveiller les énergies latentes du jeune homme, d'activer son aptitude à l'effort. Nous lui devons une chose, mais celle-là, donnons-la-lui abondamment : c'est de lui apprendre que la vie est chose sérieuse et mérite d'être vécue, que le but de l'homme est de se chercher et enfin de se trouver. Il se sera trouvé quand il aura organisé le système de ses idées, porté sa volonté à la plus haute tension, adopté vis-à-vis des hommes et des choses l'attitude la plus noble, la plus virile. Alors, il éprouvera la joie de se donner, de se communiquer aux autres, de se réaliser autour de lui. Car, l'individualisme consiste à développer en soi la personnalité, non pour la volupté de se contempler, mais pour le suprême plaisir de se donner. Qu'on le veuille ou non, c'est une loi de l'être de sortir de soi et de réagir sur le monde environnant. La plante embaume l'air de ses fleurs, l'arbre donne ses fruits, le soleil envoie ses rayons. L'homme donne son être; s'il est noble et élevé, il rend les autres plus nobles et plus élevés. En même temps qu'il réalise l'Idée artistique que Dieu avait mise en lui, il satisfait à la loi d'amour et de fraternité.

Il est une heure où, pour la première fois, le jeune homme constate qu'il a vécu sans rien comprendre à la vie, et que le problème de sa destinée s'ouvre à ses investigations. Qui est-il? Où tend son être? Quel est l'idéal dont sa nature a jeté l'ébauche et tracé le plan dans son âme, et que sa volonté doit mettre au jour? Comment sera-t-il homme? Dans quelle mesure le deviendra-t-il? Le doute se fait sur les idées qu'il avait acceptées jusqu'ici; le voilà qui souffre de ce doute et de son inquiétude. N'allez pas, éducateur timide, vous effrayer que cette heure ait sonné; mais plutôt saluez-en l'aurore avec joie. Quiconque ne se pose pas ce problème, quiconque ne souffre pas de le porter longtemps irrésolu dans son âme, quiconque ne travaille pas longtemps à en découvrir la solution, vit d'une vie médiocre. Et la médiocrité, ne la désirez pas pour votre élève, au prix de la tranquillité et du calme de l'âme. Apprenez-lui à se réjouir de ses inquiétudes, à voir dans ses souffrances intérieures le signe d'une élection de Dieu, la preuve d'une grande destinée qui s'ouvre pour lui. Cette œuvre qui naît à la vie, il la portera de longues années dans son sein endolori avant de l'enfanter. Qu'importe? L'homme est fait pour cette maternité. Qu'il soit assez grand pour la désirer, pour la réclamer.

Quand le sculpteur, quand l'artiste a conçu l'idée poétique, il se met à l'œuvre impatient et fiévreux. Il l'ébauche il la retouche, il la laisse un instant et la recommence, l'améliore, la voit grandir et lui donne enfin sa forme définitive. Et sa joie est grande d'avoir réussi.

Mais les heures où il a vraiment vécu, ne sont pas celles de la victoire, mais celles de l'effort et de la création. Soyons, nous aussi, des artistes qui nous ciselons notre statue. Et que l'heure du combat et de la conquête soit pour nous l'heure désirée, aimée. Ce n'est pas la paix, c'est la guerre qui est le symbole de la vie moderne; la volupté n'est plus le but, mais le travail et la production. La société d'aujourd'hui n'exige plus aussi impérieusement la finesse de l'esprit, et les charmes de l'imagination, le brillant de l'intelligence et la bonté du cœur, toutes les grâces du corps et de l'âme. Elle veut des qualités de force et d'endurance, de solidité et d'énergie. Une idée doit baigner de son atmosphère morale l'âme du jeune homme : c'est qu'il est fait pour la virilité, et qu'il doit la vouloir aussi haute que Dieu l'a résolu.

Et qu'est-ce que la virilité si ce n'est essentiellement une attitude d'indépendance et de liberté? Quiconque ne se commande pas tout entier, quiconque n'est pas sûr à tout moment de son corps et de sa sensibilité, de son vouloir et de sa pensée, quiconque obéit soit aux hommes, soit aux choses, quiconque n'a pas encore fait sienne cette devise,

« Je suis maître de moi comme de l'univers »,

n'a pas encore réalisé tout l'homme qu'il doit devenir.

Tel est l'idéal moral que réclame la société moderne. Longtemps la société a été partagée en deux classes distinctes, isolées comme des compartiments aux cloisons étanches : les riches et les maîtres d'une part, les pauvres et les esclaves d'autre part. Pour ceux-là peu de chance de dégénérer, et pour ceux-ci peu d'espérance de s'élever. L'attitude qui sied aux uns convient-elle aux autres? Si les uns sont faits pour l'obéissance et la soumission, le commandement n'est-il pas le privilège des autres? Si les maîtres sont destinés à une œuvre d'audace et de conquête, les sujets ne doivent-ils pas se résigner à être exploités? Mais voici que les conditions du travail changent; la science est mise à la portée de tous; l'intelligence est la grande

arme sociale, le principal facteur de la richesse et de l'élévation, le vrai critère de la
supériorité. Si la science bouleverse rapidement le monde économique, elle bouleverse
aussi rapidement la situation de l'homme.
Les riches et les puissants d'aujourd'hui peuvent devenir les pauvres et les faibles de de-
main. Les prolétaires du présent peuvent être
les maîtres de l'avenir. Il n'y a plus de classes nettement séparées, plus de riches pour
jamais, plus de pauvres pour toujours ; mais
pour tous la crainte de dégénérer si la volonté
n'est là pour les soutenir, ou bien l'espérance
de grandir si la volonté a suffisamment de
tension et d'énergie. Il n'y a plus deux at-
titudes à prêcher à l'homme, suivant que la
naissance l'a rangé dans la classe des riches,
ou dans celle des pauvres. Une attitude uni-
que convient au membre de la cité moderne :
l'attitude fière de l'homme qui vise à la maîtrise de son être, et n'obéit qu'à sa conscience, l'attitude de l'indépendance et du
commandement. Ce ne sont pas des sujets
dociles et soumis, ce sont des maîtres que nous

devons donner à notre société démocratique.

Ne voit-on pas que cet idéal nouveau demande une nouvelle échelle des vertus? Au problème de la vie, le christianisme a trop souvent répondu jusqu'ici : renoncement aux biens de la terre, et espérance dans un royaume céleste. Les stoïciens disaient : patience et résignation. La voix du héros moderne ne crie-t-elle pas : audace, courage, confiance en soi-même, persévérance, énergie?

Aux premiers siècles de l'ère chrétienne, tandis que le stoïcisme est la religion des maîtres et des chefs qui gouvernent, et que les paysans — les *pagani* — restent fidèles à leur religion traditionnelle, la classe ouvrière, les prolétaires des villes vivent désorganisés, sans espoir, sans consolation, et sans appui moral. Le christianisme naissant va au-devant de leurs besoins, et entreprend l'œuvre de leur organisation et de leur relèvement. Il fit, il y a deux mille ans, ce que de nos jours tente le socialisme sur les ruines de l'Église désertée. Il s'adresse à des humbles et à des esclaves ; sa morale devient une morale des humbles et des esclaves. L'attitude qu'elle conseille vis-à-vis des hommes et des choses c'est, non pas le dédain, le mépris, la haine, qui engendrent la guerre; c'est la soumission, la résignation, l'humilité, la bonté du cœur, qui assurent la paix. Il prêche le renoncement à cette vie, et console les malheureux de la terre, en leur ouvrant la perspective d'un royaume des cieux. Il leur facilite l'entrée de ce royaume en en faisant moins la récompense de la vie intérieure fondée sur l'effort et la lutte, que le privilège de celui qui pénètre dans la société de l'Église et satisfait à ses lois. Dans les monastères qui s'ouvrent en Orient et qui couvriront bientôt l'Occident, s'ébauche, se précise sur le même esprit la morale de l'Imitation de Jésus-Christ. L'Église et le couvent deviennent ainsi des asiles où l'on fuit les misères et les luttes de la vie, où l'on renonce à soi-même, où l'on cherche le bonheur dans l'espérance d'une autre vie, et dans l'amour de Dieu. Quand la société antique s'écroule, que la victoire des humbles et des esclaves est assurée, qu'en leur profit s'est faite la grande révolution sociale que l'Église a conduite, la morale des sujets et des esclaves se répand dans toutes les classes de la société sous l'influence de l'Église triomphante. Aujourd'hui encore n'est-ce pas de ce souffle de vie mystique, de cet idéal monastique, qu'est pénétrée notre atmosphère morale?

Au fond, le même esprit anime la morale stoïcienne. Sous l'aspect sévère de plus de tension et de raideur, de plus de force de caractère, d'indépendance et d'orgueil, n'est-ce pas, vis-à-vis des choses et de Dieu, l'attitude du renoncement et de la résignation que prêche le stoïcisme? L'exemple proposé à l'homme n'est-il pas celui du chien attaché à une voiture? qu'il le veuille ou non, la voiture marche; il fera bien de la suivre librement. Et ainsi le bonheur consiste à accepter la destinée, à donner son assentiment à la marche des choses. Comment pourrait-il en être autrement dans l'antiquité? La nature est pleine de secrets; l'orage et la tempête, le froid et la chaleur, le mouvement des

astres, et la croissance des êtres animés, les
beautés et les prodiges de la nature sont autant de mystères pour la curiosité en éveil de
l'homme et pour son imagination supersti-
tieuse. Autour de lui plane une nécessité
aveugle, insondable. Quelle attitude permet
au sage cet état d'ignorance, si ce n'est de
voir et d'accepter, de craindre ou d'adorer?

Mais voici la face des choses profondément
changée. L'intelligence s'est développée, et
surtout son instrument de travail, la méthode.
Si la nature obéit à des lois, ce ne sont plus des
secrets impénétrables. L'énergie curieuse et
persévérante de l'homme s'attache à les déchiffrer. L'œuvre de conquête est commen-
cée. Nombre de lois sont en sa connaissance.
Entre ses mains est l'instrument de la domination et de l'affranchissement. L'heure de
la délivrance et de la liberté a sonné. L'homme
désormais peut être le maître de lui-même
et de sa destinée. L'attitude qui lui sied se-
rait-ce l'attitude de l'obéissance et de la résignation? N'est-ce pas celle du commandement et de l'audace, de la guerre et de la

conquête? Suffit-il, pour se ciseler sa statue, de s'assurer au milieu des orages et des tempêtes de la vie, le calme et la sérénité de l'âme? Le mot d'ordre du héros moderne serait-il la parole du sage Antonin sur son lit de mort : « *Æquanimitas* ». Cette vertu constitue essentiellement le caractère; nul doute qu'il ne faille lui donner asile dans notre idéal moral. Mais elle est passive : non pas qu'elle n'exige une énorme énergie morale, mais elle ne nous fait pas sortir de nous-même. La vraie vertu humaine est active, c'est dire qu'elle nous porte à produire, à créer. Son mot d'ordre, c'est oser, vouloir, réaliser une œuvre.

Le christianisme, dont le but n'est pas de renouveler entièrement l'homme ni la société, mais de l'améliorer, prend cet homme et cette société tels que la nature les a constitués. C'est l'arbre sur lequel il vient greffer son principe de vie divine. Aussi change-t-il avec les diverses formes de sociétés? Le christianisme grec n'est pas le christianisme romain. L'Église de France ne ressemble pas à l'Église d'Amérique; et les chrétiens d'Espagne ne vivent pas la religion de l'Évangile de la même façon que les chrétiens d'Angleterre. De même, nous ne saurions vouloir vivre la morale du Christ aujourd'hui comme il y a mille ans. Dans un âge et dans une société où l'attitude la plus sage était celle de la patience et de l'humilité, de la résignation et du renoncement, le christianisme rendit à l'humanité souffrante l'inappréciable service de lui prêcher cette vertu. Mais s'il est vrai que le monde a changé, que les conditions du travail et de la vie sont radicalement transformées, que l'idéal, que la vertu d'hier ne peut être l'idéal, la vertu d'aujourd'hui, que l'attitude qui convenait à l'homme du passé ne peut convenir à l'homme de l'avenir, tous les amis du christianisme feront bien de greffer sur cet arbre nouveau le principe de la vie divine. Mais ignorer de parti pris le courant où nous entraîne la nécessité des choses, s'opposer de toutes ses énergies à cette force qui nous pousse à un idéal moral nouveau, comme

pendant tout ce siècle, jusqu'à ces dernières
années, elle s'est opposée au nouveau courant politique, ce serait de la part de l'É-
glise une grossière erreur qu'elle expierait
cruellement. Et à juger les choses par le
fond, si tant d'âmes généreuses, sincères,
mais ardentes de vivre, s'éloignent du christianisme comme d'un foyer de vie d'une
trop faible intensité, n'est-ce pas qu'elles
respirent mal dans cette atmosphère du renoncement, de l'humilité et de la résignation,
et qu'elles désirent une morale plus virile pour
porter leur intelligence, leur volonté et tout
leur être à leur plus haut degré de développement?

S'il y a une morale du renoncement dans
l'Évangile — et c'est la part qu'il faut faire
au temps de Jésus — est-elle le fond de la
morale chrétienne? Ne consiste-t-elle pas
plutôt dans le « surdéveloppement » de nos
facultés naturelles par le principe de la grâce
et la voie des sacrements? Une dans son
principe, ne revêtira-t-elle pas des formes
diverses suivant la constitution propre des

individus et des sociétés? Ici, en Grèce, elle est une morale de la volupté; dans les monastères, elle devient une morale du mysticisme; les Jansénistes reviennent à la morale austère des premiers âges; en Amérique, avec Emerson ou les prélats catholiques, elle est une morale de l'action, de la volonté et de l'énergie. Relisons les Évangiles de ce point de vue : assez de germes nous y apparaîtront d'une morale du courage, de l'initiative, et de la confiance en soi. Et la figure du Christ, le plus grand révolutionnaire que la terre ait vu, ne réalise-t-elle pas toujours l'idéal le plus sublime de la force et de la douceur, de l'audace et de la patience, de la confiance en soi et de la confiance en Dieu? Humilité, résignation, faiblesse, lâcheté : telle est trop souvent l'attitude du chrétien. C'est un homme du troupeau; ce n'est pas un chef qui conduit. Et si le christianisme veut vivre et prospérer dans les sociétés de l'avenir, il doit faire de nous des chefs et des guerriers de la vie. Ne laissons pas le monde à ceux qu'anime l'antique esprit juif, ou la devise des « *struggle for lifers* » :

« Conquête brutale, spoliation sans pitié du vaincu ». Qu'une plus « moderne » interprétation dè la doctrine du Christ éveille, développe en nous cet esprit de volonté et de charité, de force et de douceur, de courage et de tendresse qui, tout en nous armant pour la lutte et en nous préparant à la conquête, fasse aimer notre commandement et désirer notre victoire.

TABLE DES MATIÈRES

TYPOGRAPHIE FIRMIN-DIDOT ET Cie. — MESNIL (EURE).

9 782016 131039